AF356942

CATALOGUE

Des Livres de Fonds et d'Assortiment, qui se trouvent au Magasin de Librairie rue Saint - André - des - Arts, N.° 46, à Paris;

An 6 (1798 vieux style).

N. B. On se charge dans cette Maison, de toutes les Commissions en Librairie.

Les lettres seront adressées au Citoyen LAVILLETTE, rue Saint-André-des-Arts, N.° 46, à Paris.

Il faut les affranchir, ainsi que l'argent ; et après le montant des demandes reçu, les expéditions seront faites avec la plus grande célérité.

Les frais de transport seront à la charge des acquéreurs ; on ajoutera 5 pour cent pour l'emballage ; et l'on ne fera aucune expédition par les diligences au dessous de 15 liv.

Tous les Livres sont brochés, excepté ceux marqués reliés.

ABRÉGÉ de l'Histoire Universelle , par Roustan. *Paris*, 9 vol. *in-12*, 12 liv.

Abrégé des Etudes de l'homme fait, en faveur de l'homme à former, par Leclerc, 2 vol. *in-8°*, 6 liv.

Abrégé de la Grammaire Françoise , par Wailly, 1 vol. *in-12*, 1 liv.

Abrégé de la Grammaire Française, de Restaut, 1 vol. *in*-12, 15 s.

Académie universelle des Jeux, 3 vol. *in*-12, figures, 6 liv.

Accord des Principes et des Loix, 1 vol. *in*-12, 1 liv. 5 s.

Administration (l') des Finances, par Necker, 3 vol. *in*-8°, 5 liv.

Adversité (l'), 2 vol. *in*-12, trad. de l'anglois, 5 liv. 10 s.

Agriculture théorique et pratique, tant des Jardins potagers et fruitiers, que de la Campagne en général, 4 vol. *in*-12, 5 liv.

Agriculture (l'), ou les Géorgiques françaises, Poëme en huit chants, par Rosset, un gros vol. *in*-4°. orné de huit superbes gravures, et de jolis culs-de-lampes, de l'Imprimerie du Louvre, magnif. édition, 10 liv.

Ainsi finissent les grandes passions, ou les dernières Amours du Chevalier de ***, 2 vol. *in*-12, 2 liv. 10 s.

Ainsi va le monde, ou les Lunettes, 1 vol. *in*-12, 1 liv. 5 s.

Alcibiade, enfant, jeune-homme et homme fait, 4 vol. *in*-18, figures, 4 liv.

Ami (l') des Enfans, à l'usage des Ecoles de la Campagne, par Rochow, 1 vol. *in*-12, 1 liv. 5 s.

Le même, par l'Abbé de ***, 2 vol. *in*-12, 2 liv.

Amitié (l') dangereuse, ou Célimaure et Amélie, Histoire véritable, 2 v. *in*-12, 2 l. 10 s.

Amitié (l') trahie, ou Mémoires d'un Négociant, trad. de l'italien, 1 v. *in*-12, 1 l. 10 s.

Amours, ou Lettres d'Alexis et Justine. *Paris*, 1797, 3 vol. *in*-18, 1 liv. 10 s.

Amours (les) de Clitophon et de Leucippe, par Achilles Tatius, traduit du grec, avec

des notes, 1 vol. *in*-18, papier vélin, Bg.
très-jolie édition,   3 liv.
Andercan, Raja de Brampour et Pudmani,
Histoire orientale, 3 vol. *in*-12,   4 liv.
Ane (l') promeneur, ou Critès promené par
son âne, par feu Gorsas, 1 vol. *in*-8°, 2 liv.
Anecdotes de la Cour de Philippe - Auguste,
par Mademoiselle de Lussan. *Paris*, nouv.
édition, 3 vol. *in*-12,   5 liv.
Anglois (l') aux Indes, d'après Orme, par
Archenholtz, 3 vol. *in*-12,   4 liv. 10 s.
Anneau (l'), par une jeune Dame, traduct.
libre de l'anglois, 3 vol. *in*-12,   3 liv.
Arsace et Isménie, Histoire orientale, par
Montesquieu, 1 vol. *in*-12,   1 liv. 10 s.
Arythmétique de Legendre, 1 vol. *in*-12, 2 l.
Arythmétique élémentaire par demandes et
par réponses, par M. Im-Hooff, d'Arau,
1 vol. *in*-8°,   2 liv. 10 s.
Aventures (les) d'Edouard Bomston, pour
servir de suite à la Nouvelle-Héloïse, 1 vol.
in-8°,   3 liv.
Aventures de Rodrigue Randon, par Fiel-
ding, 4 vol. *in*-18,   3 liv.
Aventures de Télémaque, 2 vol. *in*-12, avec
figures, nouvelle édition,   4 liv.
Avis (nouvel) au Peuple, ou Instructions sur
certaines maladies qui demandent les plus
prompts secours, par M. Petit - Radel,
Médecin de Paris, 1 vol. *in*-12,   1 l. 10 s.
Avis au Peuple, par Tissot, 2 vol. *in*-12, 2 l.

Bachelier (le) de Salamanque, par Lesage,
2 vol *in*-12,   2 liv.
Bhaguat - Geeta (le), trad. du Samscrit, par
Wilkins, 1 vol. *in*-8°,   2 liv. 10 s.
Bible (la), avec les argumens et les réflexions
sur les chapitres, par Ostervald, Pasteur

de l'Eglise de Neufchâtel, 2 vol. *in-8°*, belle
édition ,   6 liv.
Bibliographie moderne, ou Catalogue raisonné
et analytique de tous les Livres qui ont paru
pour et contre la Révolution françoise ,
pendant les années 1789 et 1790 ; ouvrage
utile à tous ceux qui travaillent à l'Histoire
de la Révolution , et qui voudront en bien
connoître l'esprit à cette époque, 2 gros
vol. *in-8°*,   6 liv.
Blancay, par Gorgi , 2 vol. *in-12*,   2 liv.
Bohémiens (les) , trad. de l'anglois, 2 vol.
in-12,   2 liv. 10 s.

CALENDRIER du Fermier, ou Instruction
mois par mois sur toutes les opérations
d'agriculture qui doivent se faire dans une
ferme, 1 vol. *in-8°*,   3 liv.
Campagues du Général Pichegru , tirées des
livres d'ordre des deux Armées, par le Citoyen David, de l'imp. de Guerebart, 3 liv.
Cantatrice (la) grammairienne, ou l'Art d'apprendre l'Orthographe françoise, seul , sans
le secours d'un Maître, par le moyen des
Chansons érotiques , pastorales , villageoi-
ses, etc. 1 vol. *in-8°*,   3 liv.
Caroline , ou les Vicissitudes de la Fortune ,
trad. de l'anglois, 3 vol. *in-12*,   3 liv. 10 s.
Catherine , ou la Forêt, 1 vol. *in-12*, 1 l. 5 s.
Caton , ou Entretien sur la liberté et les vertus
politiques, traduit du latin par Saige, avec
cette épigraphe : *O nomen dulce libertatis !*
1 vol. *in-12*,   1 liv. 5 s.
Célide , ou Histoire de la Marquise de Bliville ,
2 vol. *in-12*,   2 liv. 10 s.
Charmansage , ou Mémoires d'un jeune Citoyen faisant l'éducation d'un ci - devant
Noble, par l'Auteur de l'Aventurier François, 4 vol. *in-12*,   4 liv. 10 s.

Chef-d'œuvre (le) d'un Inconnu, par le Docteur Chris. Mathanasius, 2 v. *in-12*, 3 liv.

Choix des Mémoires secrets pour servir à l'Histoire de la République des Lettres, depuis 1762 jusqu'en 1785, 2 vol. *in-12*, 2 liv. 10 s.

Cinq (les) Partis, ou les cinq Opinions sur la Révolution, *in-8°*, 10 s.

Claire et Eveling, ou les Infortunes d'un Ministre de Village, trad. de l'allemand sur la sixième édition, 3 vol. *in 12*, 3 liv. 10 s.

Commerce (le) et le Gouvernement, considérés relativement l'un à l'autre ; ouvrage élémentaire par Condillac. *Paris*, 1795, 1 vol. *in.8°*, 1 liv. 10 s.

Comte (le) de Strongbow, ou l'Histoire de Richard de Clarc et de la belle Géralde, trad. de l'anglois, 2 vol. *in-12*, 2 liv. 10 s.

Comptes faits, par Barême, 1 vol. *in-24*, relié, 1 liv. 4 s.

Connoissance (la) de soi-même, considérée comme la base du bonheur de l'homme, sous le rapport de la religion, de la morale et de la piété, suivie d'un Traité de l'Homme, trad. de l'anglois, 1 vol. *in-8°*, 2 liv. 10 s.

Conservatoire (le) des Sciences et Arts, ou Recueil de pièces intéressantes sur les Antiquités, la Mythologie, la Peinture, la Musique, l'Art et la Théorie de l'action théâtrale, les Belles-Lettres, la Philosophie, etc. traduit de différentes langues, avec 42 pl. en t. d. 6 gros vol. *in-8*. 21 liv.

Contes de Bocace, traduction nouvelle, avec 111 jolies Figures, 10 vol. *in-18*, 12 liv.

Contes (les) de la Fontaine, nouvelle édition, ornée de 86 Figures en taille douce d'après les dessins d'Eisen, sur l'édition dite des Fermiers Généraux, 2 vol. *in-8°*, 8 liv.

(6)

Les mêmes, 2 vol. *in*-12, 3 liv.
Les mêmes, 2 vol. petit *in*-12, 2 liv. 10 s.
Contes (nouveaux) Arabes, ou Supplément
    aux Mille et une Nuits. *Paris*, 1788, 1 vol.
    in-12, 1 liv. 10 s.
Contes des Fées, par Madame d'Aulnoy, 8
    vol. *in*-18, 5 liv.
Contes des Fées, par Perrault, 1 vol. petit
    in-12, 15 s.
Contes et nouvelles de Marguerite de Va-
    lois, reine de Navarre, faisant suite aux
    contes de J. Bocace, jolie édition ornée
    de 73 Figures 8 gros vol. *in*-18, 12 liv.
Conteur (le), Recueil d'Anecdotes choisies,
    2 vol. *in*-12, 2 liv. 10 s.
Contrat Social (Supplément au), par Gudin,
    1 vol. *in*-12, 1 liv. 10 s.
Conversations sur plusieurs sujets de Morale,
    propres à l'éducation des Jeunes-Personnes,
    nouvelle édition, 1 liv. 10 s.
Coq (le) d'or, Roman allégorique, trad. de
    l'allemand, 1 vol. *in*-12, 1 liv. 5 s.
Correspondance politique et anecdotique sur
    les Affaires de l'Europe, 1790, 5 vol.
    in-12, 6 liv.
Correspondance secrète entre Ninon de l'En-
    clos, le Marquis de Villarceaux et Madame
    de M. recueillie et publiée, en 1789, par
    Ségur le jeune. *Paris*, 1797, 2 vol. *in*-18,
    1 liv. 10 s.
Couvent (le), ou Histoire de Sophie Nelson,
    trad. de l'anglois, 3 vol. *in*-12, 3 liv. 10 s.
Cuisine (la) de santé, ou Moyens faciles et
    économiques de préparer toutes nos pro-
    ductions alimentaires, de la manière la plus
    délicate et la plus salutaire, 3 v. *in*-12, 5 liv.
Curé (le) de Lansdown, ou les Garnisons,
    trad. de l'anglois, 2 vol. *in*-12, 2 liv. 10 s.

Cyane, ou les Jeux du Destin, deuxième édit.
  1 vol. petit *in*-12,   1 liv.

Cyropœdie (la) ou l'histoire de Cyrus, traduite du Grec de Xénophon, par Char-
  pentier, de l'Académie Françoise, 2 vol.
  in-12,   5 liv.

Cours d'étude, par Condillac, 10 vol. *in*-18,
                                     10 liv.

Dangers (les) d'un amour illicite, ou le
  Mariage mal assorti, Histoire véritable, par
  M. le Comte de ***, 2 vol. *in*-12, 2 l. 10 s.

Description et usage d'un Cabinet de Physique
  expérimentale, par Sigaud de la Fond, 2 v.
  in-8°, avec un grand nombre de fig. 10 liv.

Dictionnaire de la Fable, par Chompré, 1 v.
  in-12, relié,   1 liv. 10 s.

Dictionnaire raisonné de Physique, par Brisson,
  5 vol. *in*-4°, figures,   15 liv.

Dictionnaire des Jardiniers, traduit, d'après
  la huitième édition de Miller, par une Société de Gens-de-Lettres, 10 vol. *in* - 4°,
  avec figures,   80 liv.

Dictionnaire portatif de la Campagne, 1 vol.
  in-8°,   2 liv. 10 s.

Dictionnaire de la Provence, 4 vol. *in* - 4°.
    Les deux premiers contiennent le Voca-
  bulaire François et Provençal, Provençal
  et François; et les deux autres, l'Histoire
  des Hommes illustres de ce pays. 30 liv.

Dictionnaire Philosophique, par Voltaire,
  8 vol. *in*-12,   10 liv.

Dictionnaire inutile, composé par une Société
  en commandite, et rédigé par un homme
  seul, 1 vol. *in*-8°,   2 liv.

Dictionnaire utile, ou Porte - feuille d'un
  bon homme, 1 vol. *in*-12,   1 liv. 6 s.

Dictionnaire des Droits canoniques, 6 vol.
  in-8°,   6 liv.

Dictionnaire des Poëtes grecs et latins , ou
Tableau abrégé de l'Antiquité littéraire ,
mis à la portée de tout le monde, 1 vol.
in-8°,   3 liv.
Dictionnaire (petit) historique, pour servir
à l'instruction de la Jeunesse,   1 liv. 10 s.

EDMOND et Eléonora, par Marshall, trad.
de l'anglois, 3 vol. *in-12,*   3 liv. 10 s.
Elégies de Tibulle, avec des notes et recherches de Mythologie, d'Histoire et de Philosophie, suivies des Baisers de Jean Second,
adressées du donjon de Vicennes, par Mirabeau l'aîné , à Sophie Ruffey, 3 v. *in-8°,*
ornés de 14 figures, dessinées et gravées par
les meilleurs Artistes,   15 liv.
Les mêmes, sur papier carré vélin, avec fig.
premières épreuves,   24 liv. —

Les mêmes, sur papier grand-raisin vélin
superfin, avec doubles figures avant la lettre,
les unes en noir, les autres coloriées. 36 liv.
Il n'en reste que très-peu d'exemplaires.

Elémens (des), ou Essai sur la nature, les
propriétés, les effets et l'utilité de l'air, de
l'eau, du feu et de la terre, par Pott ,
2 vol. *in-8°,*   5 liv.
Elémens de fortification, de l'attaque et de
la défense des Places, par Trincano, Ingé-
nieur, deuxième édition, 2 vol. *in-8°,* avec
51 grandes planches,   7 liv. 10 s.
Traité complet d'Arythmétique, à l'usage du
Militaire, par le même, 1 v. *in-8°,* fig. 3 l.
Elémens d'Histoire naturelle et de Chimie,
par Fourcroy, 5 vol. *in-8°,* figures, dernière
édition,   21 liv.
Elémens de Physique théorique et expérimentale, pour servir de suite à la description

et l'usage d'un Cabinet de Physique expérimentale, par Sigaud de la Fond, seconde
édit. revue et augmentée par Rouland, professeur de physique, etc. 4 vol. *in-8°*,
avec un grand nombre de planches, 20 liv.
Elémens de la Philosophie rurale, 1 vol. *in-12*,
1 liv. 16 s.
Elémens raisonnés de la Grammaire Françoise,
ouvrage élémentaire, par Roullé. *Paris*,
1797, 3 vol. *in-8°*, 6 liv.
Elémens de la Langue Angloise, ou Méthode
pour apprendre facilement cette Langue,
par Siret. *Paris*, 1796. 1 v. *in-12*, 1 l. 16 s.
Esprit (l') de la Ligue, ou Histoire politique
des troubles de France pendant les seizième
et dix - septième siècles, par Anquetil.
Paris, 1797, 3 vol. *in-12*; 5 liv.
Esprit de Sully et d'Henri IV, 1 vol. *in - 12*,
2 liv. 10 s.
Essai philosophique sur l'entendement humain,
par Locke, traduit de l'anglois par Coste,
4 vol. *in-12*. nouv. édition, 1795, 6 liv.
Essai sur les Préjugés, par Dumarsay. *Paris*,
1795, 2 vol. *in-8°*, 4 liv.
Essai sur différentes espèces d'air - fixe ou de
gaz, par Sigaud de la Fond; pour servir
de suite aux Elémens de Physique du même
Auteur, nouvelle édit. revue et augmentée
par Rouland, 1 vol. *in 8°*, fig. 5 liv.
Essai sur la Secte des Illuminés, par Luchet,
édition originale, 1 vol. *in-8°*, 2 liv.
Essai philosophique et politique sur le Commerce et la Paix, par Rougier Labergerie,
Membre de l'Institut. *Paris*, 1797, 1 vol.
in-8°, 3 liv. 10 s.
Estelle, par Florian, 2 vol. *in-12*, 1 liv. 10 s.
Etat actuel de l'Empire Ottoman, contenant
des détails plus exacts que tous ceux qui

ont paru jusqu'à présent sur cet Empire,
traduit de l'anglois par Fontanelle, 2 vol.
in-8°,   5 liv.
Etudes de la Nature, par Bernardin de Saint-
Pierre, nouvelle édition, 5 vol. *in-8°*, avec
figures,   18 liv.
Exercices de Piété à l'usage de l'Eglise réfor-
mée, pour les Chrétiens éclairés et vertueux,
par Zollikofre, 2 vol. *in-12*,   3 liv.
Expériences Physiques et Chimiques sur plusieurs matières relatives au Commerce et
aux Arts, trad. de l'anglois de Lewis, par
M. de Puisieux, 3 vol. *in-12*, fig.   5 liv.
Education (de l') des Filles, par Fénelon, belle
édit. de Hollande, 1 vol. *in-12*,   1 liv. 10 s.

Fabius et Caton, fragment de l'Hist. Rom.
par Albert de Haller, 1 vol. *in-12*,   1 l. 10 s.
Fables (les) Egyptiennes et Grecques dévoi-
lées et réduites au même principe, avec
une explication des hiéroglyphes et de la
guerre de Troie, suivie du Dictionnaire
Mytho-Hermétique, dans lequel on trouve
les Allégories fabuleuses des Poëtes, par
Dom Pernetti, 3 vol. *in-8°*,   6 liv.
Fables, Contes et Epitres par Lemonnier,
1 vol. *in-8°*,   2 liv.
Fables de la Fontaine 2 vol. *in-12*, figures,   1 livre 10 s.
Faits des Causes célèbres et intéressantes,
1 vol. *in-12*,   1 liv. 10 s.
Fils (le) d'Etelwof, Conte historique, trad.
de l'anglois, 2 vol. *in-12*,   2 liv. 19 s.
Flora, VII provinciarum Belgii fœderati in-
digena, 2 vol. *in-8°*,   4 liv.
Folies Philosophiques, 2 vol. *in-12*, jolie
édition, beau pap.   3 liv.
Force (de la) militaire, considérée dans se

rapports conservateurs etc. par Darçon,
1 vol. *in-8°*, grand papier, 2 liv.

Galerie de l'ancienne Cour, ou Mémoires
anecdotiques pour servir à l'Hist. des règnes
d'Henri IV, de Louis XIII, Louis XIV et
Louis XV, 8 vol. *in-12*, 12 liv.

Galerie des Etats-généraux, ou Portraits des
Hommes qui ont joué un grand rôle à cette
époque, 3 vol. *in-8°*, 4 liv.

Gilblas (le) Allemand, 3 v. *in-12*, 3 liv. 10 s.

Gonzalve de Cordoue, ou Grenade recon-
quise, par Florian. 3 vol. *in-12*, 3 liv.

Gouvernement (du) civil, par Locke, 1 vol.
in-12, 1 liv. 5 s.

Gouvernement (du) et des mœurs, par Polier
de Saint-Germain, 1 vol. *in-8°*, 2 liv. 10 s.

Guide (le) du Voyageur en Suisse, 1 volume
in-12. 1 liv. 5 s.

Guide (le) des jeunes Mathématiciens, ou
Commentaire des Leçons de Mécanique de
Lacaille, par Paulian, 1 v. *in-8°*, fig.

Gageure, (la) dangereuse, imitée de l'Allemand, par Mde. de *** 1798, 30 s.

Habitudes et mœurs privées des Romains,
par d'Arnay, 1 vol. *in-8°*, 2 liv. 10 s.

Herbert, ou Adieu richesses, 3 vol. *in-12*,
 3 liv. 10 s.

Herman et Ulrique, traduit de l'allemand,
2 vol. *in-12*, fig. 2 liv. 10 s.

Heureux (les) Modèles, 2 vol. *in-12*, 2 liv.

Histoire de Bianca Capello, 3 vol. *in-12*, fig.
 3 liv. 10 s.

La même, édit. de Didot, 2 v. *in-12*, 2 l. 10 s.

La même, 1 vol. *in-8°*, 1 liv.

Histoire de Miss Gréville, 3 v. *in-12*, 3 l. 10 s.

Histoire de la Comtesse de Rochen, 3 vol.
in-12, 3 liv. 10 s.

Histoire de Cornélia Sedley, ou la Jeune
   Veuve, 4 vol. *in*-12,   4 liv. 16 s.
Histoire de Sophie et d'Ursule, 2 vol. *in*-12,
                           2 liv. 10 s.
Histoire de Ladi Barthon, 2 v. *in*-12, 2 l. 10 s.
Histoire du Chevalier Grandisson, 11 vol.
   in-18,   7 liv. 10 s.
Histoire des conditions et de l'état des per-
   sonnes en France et dans la plus grande
   partie de l'Europe, 1790, 5 v. *in*-12, 10 liv.
Histoire des Conquêtes de Gustave-Adolphe,
   par Grimoart, 3 vol. *in*-8°, fig.   6 liv.
Histoire de Ladi Jemima Gusman, trad. de
   l'anglois, 3 vol. *in*-12,   3 liv.
Histoire des Révolutions de Corse, depuis ses
   premiers habitans jusqu'à nos jours, 2 vol.
   in-12, figures,   4 liv.
Histoire de Louis XI, Roi de France, par
   Villaret, 2 vol. *in*-12,   4 liv.
Histoire, Cérémonial et Droits des Etats-généraux de France, par Soulavie, 2 vol.
   in-8°,   3 liv.
Histoire de Pierre-le-Cruel, 2 vol. *in*-8°, 4 liv.
Histoire de l'Empire d'Allemagne, pendant
   la vacance du Trône impérial, 1 v. *in*-8°, 2 l.
Histoire critique et apologétique de l'Ordre
   des Chevaliers du Temple de Jérusalem, dits
   Templiers, 2 vol. *in*-4°, fig.   9 liv.
Histoire des Ordres Religieux et Militaires,
   et des Congrégations séculières de l'un et
   l'autre sexe, par le P. Héliot, 8 vol. *in*-4°,
   ornés de 812 figures, qui représentent d'une
   manière parfaite les différens costumes de
   ces Ordres et de ces Congrégations, 72 liv.
Histoire naturelle du Jorat et de ses environs,
   etc. précédée d'un Essai sur le climat, les
   productions, le commerce, les animaux du
   pays de Vaud, par le Comte de Razoumowski,
   2 vol. *in*-8°,

...istoire de l'Empire Ottoman, depuis son
origine jusqu'à la paix de Belgrade, en
1740, par Mignot, 4 vol. *in*-12,
Histoire philosophique et politique des Eta-
blissemens et du Commerce des Européens
dans les deux Indes, par Raynal, 10 vol.
in-8°, avec fig. et atlas,   36 liv.
Histoire amoureuse des Gaules, par Bussi-
Rabutin 6 vol. *in*-12,   4 liv. 10 s.
Histoire générale de l'Asie, de l'Afrique et
l'Amérique, 12 vol. *in*-12 rel.   48 liv.
Homélies et Lettres choisies de Saint-Basile-
le-Grand, par l'Abbé Auger, 1 gros vol.
in-8°,   2 liv. 10 s.
Horton et Matilde, trad. de l'anglais, 2 vol.
in-12,   2 liv. 10 s.

Jean-le-Noir, ou le Misanthrope, 1 vol.
in-8°,   1 liv. 10 s.
Jérusalem délivrée, Poëme du Tasse, 2 vol.
in-8°,   3 liv. 10 s.
Jeune (la) Nièce, ou l'Histoire de Suckei
Thumby, trad. de l'angl. 3 v. *in*-12, 3 l. 10 s.
Journal du règne de Henry IV, par Pierre
de l'Etoile 4 vol. *in*-8°, édit. de Hollande,   12 liv.
Importance (de l') de l'Education publique,
et de son influence sur toute la vie, 1 gros
vol. *in*-8°,   1 liv. 10 s.
Imprudences (les) de la Jeunesse, par l'Auteur de Cécilia, traduit de l'anglois, 4 vol.
in-12,   4 liv. 10 s.
Infortuné (l') Napolitain, 2 gros v. *in*-12, 3 liv.
Ingénue de Saxancourt, ou la Femme séparée,
3 vol. *in*-12,   3 liv. 10 s.
Institutions Newtoniennes, par Sigorgne,
1 vol. *in*-8°, figures,   3 liv. 10 s.

Leçons de Droit de la Nature et des Gens, par Félice, 4 vol. *in*-12, 5 liv.

Leçons d'un Père à ses Enfans, d'après lesquelles on démontre la nécessité d'occuper une Jeune-Personne pour la rendre utile à la société, 2 vol. *in*-12, 2 liv.

Leçons élémentaires de Mécanique, ou Traité abrégé du Mouvement et de l'Equilibre, par Lacaille, 1 vol. *in*-8°, fig. 3 liv.

Lettres de Mirabeau à ses Commettans, ouvrage dans lequel l'Auteur a prévu tous les évènemens de la Révolution, 1 vol. *in*-8°, 2 liv. 10 s.

Lettres (des) de Cachet par Mirabeau, 2 vol. *in*-8°, 4 liv.

Lettres de Julie de Roubigné, 2 vol. *in*-12, 2 liv. 10 s.

Lettres sur l'Italie, par Dupaty, 2 vol. *in*-18, 1 liv. 10 s.

Lettres de la Marquise de Brémont à Eugénie, 2 vol. *in*-12, 2 liv. 10 s.

Lettres critiques et politiques sur les Colonies et le Commerce des villes maritimes de France, adressées à G. T. Raynal, 1 vol. *in*-8°, 2 liv.

Lettres Grecques, par le Rhéteur Alciphron, ou anecdotes sur les mœurs et les usages des Grecs, avec des notes Historiques et critiques, 3 vol. *in*-12, 4 liv. 10 s.

Lettres d'Hortense de Valsin à Eugénie de st. Firmin, roman original, 2 gros vol. *in*-12, 3 liv.

Lettres Chinoises Indiennes et Tartares, 1 vol. *in*-12, 1 liv. 10 s.

Lettres du Comte de Chesterfield à son fils Philippe Stanhope, envoyé extraordinaire à la cour de Dresde, avec quelques pièces diverses. 12 vol. *in*-18, 9 liv.

Livre (le) de Famille, ou Journal des Enfans, contenant des Historiettes morales et amusantes, par Berquin, pour servir de suite à l'Ami des Enfans, 2 vol. *in-12*, 2 liv.

Livre de la grande Maréchallerie, ou Remèdes expérimentés pour la guérison des chevaux, 1 vol. *in-8°*, 1 liv. 5 s.

Londres et ses Environs, 1 vol. *in-8°*, 1 l. 10 s.

Louise de Valrose, ou Mémoires d'une Autrichienne, 2 vol. *in-12*, 2 liv.

Lucrèce, de la nature des choses, trad. en vers par Leblanc de Guillet, avec le texte à côté; superbe édition, 2 gros vol. *in-8°*, 6 liv.

Lydorie, ancienne Hist. chronique allusive, par Gorgy, 2 vol. *in-12*, 2 liv.

Laure et Auguste, Histoire véritable traduite de l'anglois, par Bérenger, an 6, 2 vol. *in-12*.

Machines (nouvelles) de mécanique et d'hydrostatique relatives à la Marine, par Cholet-Vermandois, 1 vol. *in-8°*, fig. 1 l. 10 s.

Magasin des Enfans, par Madame le Prince de Beaumont, 4 vol. *in-12*, 3 liv.
Le même, 4 vol. *in-18*, nouv. édit. 3 liv.

Magasin des Adolescentes, pour servir de suite au Magasin des Enfans, par la même. *Paris*, 1797, 5 vol. *in-18*, 4 liv.

Mal-adroit (le), 2 vol. petit *in-12*, 2 liv.

Manuel du Cultivateur, ou Avis au Peuple sur l'amélioration de ses terres, par l'Auteur de l'Agronome, 2 vol. *in-12*, 3 liv.

Manuel des Instituteurs, dans lequel on indique l'espèce de Livres élémentaires qui conviennent à nos nouvelles Ecoles, 1 vol. *in-8°*, 1 liv.

Manuel Anti-syphillitique, ou le Médecin de soi-même dans la cure des Maladies vénériennes, 1 vol. *in-12*, 2 liv.

Mariage Platonique, imité de l'anglois, 2 vol.
in-12, 1 liv. 10 s.
Mazaniello, ou Révolution de Naples, 1 vol.
in-8°, 1 liv. 5 s.
Méchante (la) Femme et le bon Jeune-Homme,
2 vol in-12, 2 liv.
Médecine pratique et moderne, appuyée sur
l'observation, par Marquet, 3 vol. in-8°,
4 liv. 10 s.
Mélanges de Littérature orientale, trad. des
différens Manuscrits turcs, arabes et persans
de la Bibliothèque nationale, par Cardonne,
1 vol. in-8°, 2 liv. 10 s.
Mémoires historiques, militaires et politiques
de la Corse, auxquels on a joint l'Histoire
naturelle de ce pays, 2 gros vol. in-12,
figures, 4 liv.
Mémoires historiques, et politiques sur les
Pays-Bas, autrichiens, par Neny, 4e. édit.
2 vol. in-12, 3 liv.
Mémoires politiques et militaires, pour servir
à l'Histoire de Louis XIV et de Louis XV,
par l'Abbé Millot, 6 vol. in-12, 7 liv. 10 s.
Mémoires historiques sur la Guerre que les
François ont soutenue en Allemagne depuis
1757 jusqu'en 1762, par Bourcet, Lieute-
nant-général. Paris, 1792, 3 vol. in-8°. 6 l.
Mémoires de Sully, 10 vol. in-12, 9 liv.
Mémoires pour servir à l'Histoire de la Ré-
volution Françoise, 4 vol. in-8°. 4 liv.
Mémoires du Comte de Cronstadt, trad. de
l'anglois, 3 vol. in-12, 3 liv.
Mémoires intéressans, par une Lady, trad.
de l'anglois, par Letourneur, 2 vol. in-12,
2 liv. 5 s.
Mémoires de Grammont, par Hamilton, 2 vol.
in-12, 2 liv.
Mémoires de Louis XV, 1 vol. in-12, 1 liv.

Mémoires de Jean Monnet, ou Suite du Roman comique, 2 vol. *in*-12. 2 liv.

Mémoires pour servir à l'Histoire d'Anne d'Autriche, épouse de Louis XIII, par Madame Motteville, 6 vol. *in*-12, 7 liv. 10 s.

Mémoires du Cardinal de Retz et ceux de Guy-Joly, 6 vol. *in*-12, 8 liv.

Mémoires de l'Académie royale de Prusse, concernant l'Anatomie, la Physiologie, la Physique, l'Histoire naturelle, la Botanique, la Minéralogie, etc. 7 vol. *in*-8°, 15 liv.

Mémoires de Gourville, 2 vol. *in*-12, 3 liv.

Mémoires du Comte de Hordt, Gent'lhomme Suédois, 3 vol. *in*-12, 3 liv.

Méthode (nouvelle) d'enseigner l'A. B. C. aux Enfans, avec un grand nombre de figures, *in*-8°, édition originale, 25 s.

Mes Matinées d'été, et mes Soirées d'hiver, 1 vol. *in*-12, 1 liv.

Misogug, ou les Femmes comme elles sont, Histoire orientale, 2 vol. *in*-12, 2 liv.

Miss Courtenay, ou les Epreuves du malheur, 2 vol. *in*-12, 2 liv. 10 s.

Morale (de la) naturelle, 1 vol. petit *in*-12. 1 l.

Moraliste (le) aimable, 3 vol. *in*-12, 3 liv.

Morceaux choisis de J. J. Rousseau, 2 vol. *in*-12, 2 liv. 10 s.

Mort (la) d'Abel, 1 vol. *in*-18, fig. 1 liv.

Nœuds (les) enchantés, 2 vol. *in*-12, 1 l. 10 s.

Nouvelle Héloïse, par J. J. Rousseau, 4 vol. *in*-8°, belle édition de Hollande, 9 liv.

Observations (nouvelles) sur les Abeilles, adressées à M. Bonnet, par F. Hubert, suivies d'un Manuel pratique de la culture des Abeilles, 1 vol. *in*-12, 1 liv. 10 s.

Opérations des Changes, par Ruelle, 1 vol.
  in-8°,   3 liv.
Orpheline (l') du Château, 4 v. *in-12*, 5 l. 10 s.
Origine (de l') des usages, des abus, des
  quantités et des mélanges de la Raison et de
  la Foi, etc. 2 vol. *in-8°*,   4 liv.
Origines (les), ou l'ancien Gouvernement de
  la France, de l'Allemagne et de l'Italie.
  Paris, 1787, 3 vol. *in-8°*,   6 vol.
Olivier poëme, par Cazotte, 2 vol. rel. 3 l. 10 s.
OEuvres de Sterne, 7 vol. *in-12*, figures,
  nouvelle édition,   9 liv.
  Les mêmes, 6 vol *in-18*, jolie édition, 5 liv.
OEuvres complettes d'Helvétius, 10 volumes
  in-12,   12 liv.
OEuvres mêlées de la Place, 3 vol. *in-12*,
                                                         4 liv. 10 s.
OEuvres de Desmahis, 2 vol. *in-12*,   3 liv.
OEuvres complettes de Riccoboni, 8 vol. *in-8°*,
  figures,   16 liv.
OEuvres de Boulanger, 6 vol. *in-8°*,   10 liv.
OEuvres de Boileau, 1 vol. *in-12*,   1 liv. 10 s.
OEuvres de Delille, contenant ses Géorgi-
  ques, ses Jardins, etc. 2 vol. *in-12*,   2 liv.
OEuvres de Barthe, 1 vol. *in-12*,   1 liv. 10 s.
OEuvres de Rabelais, 3 vol. *in-12*, jolie
  édition,   5 liv.
OEuvres de Gin, 2 vol. *in-12*,   2 liv.
OEuvres posthumes de Rhulières, 1 volume
  in-12,   1 liv.
OEuvres de Gessner, 2 vol. *in-8°*, figures,
  belle édition,   6 liv.
  Les mêmes, 3 vol. *in-18*, fig. pap. fin, jolie
  édition, de l'Imprim. de Crapelet,   12 liv.
OEuvres complettes de Paw, édit. de Bastien,
  7 vol. *in-8°*,   18 liv.
OEuvres posthumes du Roi de Prusse, 1 vol.
  in-8°,   1 liv. 10 s.

OEuvres complettes de Fielding , 25 vol.
in-18 ,   15 liv.
OEuvres complettes de Berquin , 16 volumes
in-18 ,   18 liv.
OEuvres de Bret, Commentateur de Molière;
2 vol. in-8°,   6 liv.
OEuvres philosophiques et érotiques de La-
mettrie , 3 vol. in-8°,   6 liv.
OEuvres de Watelet, de l'Académie Françoise
et de celle de Peinture , 2 v. in-8°, 3 liv. 10 s.
OEuvres médicinales de Gontard , 2 volumes
in-12 ,   3 liv.
OEuvres complettes de Montesquieu, 8 vol.
in-12, dernière édition,   10 liv.
OEuvres de Fréret, 20 vol. in-12, jolie
édition ,   15 liv.
OEuvres de Pope, 8 vol. in-8°, fig,   27 liv.
OEuvres de Marivaux , 12 vol. in-8°, avec
Portrait ,   36 liv.
OEuvres complettes de Crébillon, 3 vol. in-12,
dernière édition,   4 liv. 10 s.
OEuvres complettes de J. J. Rousseau, 37 vol.
in-12, fig. édit. de Paris,   36 liv.
OEuvres complettes de Florian , 14 volumes
in-18 ,   10 liv.
OEuvres de Racine, 3 vol. pet. in-12,   3 liv.
OEuvres Philosophiques , de M. B. Hume,
trad. de l'Anglois, 7 vol. in-12,   12 liv.
OEuvres de Regnard , 4 vol. in-8°, édition
de Didot, avec de superbes figures. 24 l.

PARADIS (le) perdu, de Milton, Poëme hé-
roïque , traduit de l'anglois, avec les remarques d'Addisson. *Paris*, 3 vol. in-12,
nouvelle édition ,   4 liv. 10 s.
Parallèle des Religions. *Paris*, 1792, 4 vol.
in-4°, figures ,   40 liv.
Parfait (le) Cocher, avec Instructions aux

Cochers sur les chevaux, leurs maladies et
les remèdes propres à leur guérison, 1 vol.
in-8°, fig. nouvelle édition,   2 liv. 10 s.
Paul et Virginie, par Bernardin de St-Pierre,
1 vol. *in*-8°,   2 liv.
Philosophie du Sentiment, ou Mémoires d'E-
milie de Ferville, 2 vol. petit *in*-12, 1 liv. 5 s.
Portraits des Rois et Reines d'Angleterre,
pour faire suite aux Portraits des Rois de
France, par Mercier, 1 vol. *in*-12, 1 l. 5 s.
Prémices (les) d'Annette, 1 vol. *in*-18,   12 s.
Prince (le) Philosophe, Conte oriental, 2 vol.
in-12,   2 liv.
Princesse (la) de Clèves, 2 v. *in*-12, 1 liv. 5 s.
Principe fondamental du Droit des Souverains,
2 vol. *in*-8°,   4 liv.
Principes raisonnés de l'Agriculture, ou l'A-
griculture démontrée par les Principes de
la Chimie économique, 1 vol. *in*-8°, 2 liv.
Principes de Mathématiques, par Madame du
Châtelet, 2 vol. *in*-4°, fig.   10 liv.
Principes de Chirurgie, par Lafaye, 1 v. *in*-12,
1797, dixième édition,   2 liv.
Principes de Politique, de Finance, d'Agriculture, de Législation, et autres branches
d'administration, dont la connoissance est
indispensable à ceux qui veulent occuper
quelques places dans le nouvel ordre de
choses, 2 vol. *in*-8°,   5 liv.
Prônes de Cochin, 5 vol. *in*-12,   7 liv. 10 s.
Proverbes (nouveaux) dramatiques, ou Recueil
de Comédies de Société, pour servir de suite
au Théâtre d'Education, 1 gr. v. *in*-12, 2 l.
Provincial (le) à Paris, 1 vol. *in*-8°, papier
fin,   2 liv. 10 s.
Pucelle (la) en vingt-un Chants, avec les notes
et les variantes,   1 liv. 10 s.
Parfait Bouvier, ou instruction concernant

la connoissance des bœufs et vaches, leur
âge etc. On y a joint un petit traité sur
les moutons et les porcs, par Boutrolle
nouvelle édition 1797, 1 v. *in*-12; 1 l. 10 s.
Premier et second voyage de Milord de**
à Paris, contenant la quinzaine Anglaise
et le retour de Milord, après sa majorité,
3 vol. *in*-18,   2 liv.

QUINZAINE mémorable. 1 vol. *in*-8°, 1 liv.
Questions de Rodier, 1 vol. *in*-4°,   3 liv.

RECHERCHES historiques sur les Municipalités,
suivies de l'Esprit de Grotius, ou du Gouvernement harmonique, 1 vol. *in*-8°, 1 liv.
Réflexions sur l'Economie politique, ouvrage
trad. de l'Italien; 1 vol. *in*-12,   1 liv. 10 s.
Réflexions critiques sur la Poésie et sur la
Peinture, par Dubos. *Paris*, 3 vol. *in*-12,
septième édition,   5 liv.
Réflexions morales de l'Empereur Marc · An-
tonin, avec des remarques, 2 vol. *in* - 12,
nouvelle édition.   3 liv.
Récréations (nouvelles) Physiques et Mathé-
mathiques, auxquelles on a joint les causes,
leurs effets, et l'amusement qu'on en peut
tirer pour étonner et surprendre agréable-
ment, par Guyot, 3 vol. *in*-8°, ornés de
plus de 100 figures,   15 liv.
Les mêmes, avec les figures coloriées, 18 liv.
Romans de Mayer, 2 vol. *in*-12,   3 liv.
Roman (le) sans titre, Histoire véritable, ou
peu s'en faut, etc. 2 vol. pet. *in*-12, 2 liv.
Recueil amusant de voyages en vers et en
prose faits par différens auteurs, etc.
9 vol. *in*-12,   12 liv.

SANTÉ (la) de Mars, ou Moyens de conserver

la santé des Troupes. *Paris*, 1790, 1 gros
  vol. *in*-12, avec figures,   2 liv.
Secrétaire (le nouveau), contenant des Lettres
  familières sur toutes sortes de sujets, avec
  des Réponses, nouv. édit. 2 vol. *in*-12, 3 liv.
Secrétaire (le) Espagnol, par Sobrino, 1 vol.
  in-12,   1 liv. 10 s.
Seau (le) enlevé, Poëme héroï - comique,
  imité du Tasse, par Auguste G. 1 vol. *in*-12,
  pap. vélin, édit. de Didot, 1796,   3 liv.
Sermons nouveaux sur divers textes de l'Ecri-
  ture - Sainte, pour les Fêtes de l'Année
  chrétienne, par Durand, Ministre du Saint-
  Evangile, 2 vol. *in*-8°;   4 liv.
Sermons du Père P. C. Frey de Neuville,
  2 vol. *in*-12,   3 liv.
Sermons prononcés dans les Eglises d'Amster-
  dam et de Lausanne, par M. D. Levade,
  1791, 1 vol. *in*-8°,   2 liv.
Siècle de Louis XV, contenant les évènemens
  qui ont eu lieu en France pendant les 59
  années de son règne ; des Anecdotes de sa
  vie, etc. par l'Auteur de sa Vie privée,
  2 vol. *in*-8°;   4 liv.
Situation des Finances de l'Angleterre et de
  la France. *Paris*, 1789, 1 vol. *in*-4°, 2 l.
Soins faciles pour la propreté de la bouche,
  et la conservation des dents, par Jour-
  dain, 1 vol. *in*-12,   1 liv.
Souveraineté (de la) du Peuple, et de l'excel-
  lence d'un Etat libre, par Marchamont
  Needham, trad. de l'anglois par Théophile
  Mandar, 2 vol. *in*-8°,   4 liv.
Système (nouveau) sur la Mythologie, 1 vol.
  in-8°,   4 liv.
Système universel et complet de Sténographie,
  ou Manière abrégée d'écrire, applicable à
  tous les idiomes ; inventé par Samuel Taylor,

(23)

et adapté à la Langue Françoise par T. P.
Bertin, 1 vol. *in-8°*, orné de 15 planches
en taille - douce, troisième édition, de
l'Imprimerie de Didot,   7 liv.
OEuvres de Sénèque le Philosophe, tr. par
la Grange ; Tonrs, au 5, 7 vol. *in-8*. 21 l.
Système de la nature, ou des loix du monde
physique et du monde moral par Mira-
baud, 2 gros vol. *in-8°*,   4 liv.
Séthos, histoire ou vie tirée des monumens
anecdotes de l'ancienne égypte trad. d'un
manuscrit grec, 2 vol. *in-8°*, édition de
Bastien,   6 liv.
TABLEAU historique des propriétés et des
phénomènes de l'Air, considéré dans ses
différens états et sous ses divers rapports,
par Rouland, Professeur de Physique expérimentale et démonstrative en la ci-devant
Université de Paris, 1 vol. *in-8°*,   5 liv.
Tableau de quelques circonstances de ma
vie, ouvrage posthume de Chabanon, pu-
blié par st. Ange, Paris 1795, 1 vol.
in-8°,   2 liv.
Tableau de l'histoire moderne depuis la chute
de l'Empire d'occident, jusqu'à la paix de
Westphalie, pour servir de suite à l'histoire universelle de Bossuet, par Méhé-
gan, 3 vol. *in-12*.   6 liv.
Tableau sentimental de la France depuis la
Révolution, par Sterne, trad. de l'anglois,
1 vol. petit *in-12*,   1 liv.
Tableau historique de la Saxe, 1 gros volume
in-4°,   5 liv.
Tableau de nos Poëtes vivans, 1 vol. *in-8°*, 1 l.
Tablettes sentimentales, par Gorgy, 1 volume
petit *in-12*,   1 liv.
Témoignage de la Foi et de la Raison, par
Vauvilliers, 1 vol. *in-8°*,   1 liv. 10 s.
Théâtre d'Aristophane, avec les fragmens de

Ménandre et de Philémon, trad. par Poin-
sinet de Sivry. *Paris*, 1790, 4 v. *in*-8°, 12 l.
Théâtre de Voltaire, 9 vol. *in*-12,   8 liv.
Théologie morale, ou Résolutions des Cas de
conscience sur la vertu de justice et d'équité,
4 gros vol. *in*-12,   6 liv.
Théologie systématique, ou Recueil des Ques-
tions controversées entre les Théologiens
Catholiques-Romains. *Paris*, 1789, 1 vol.
in-8°,   2 liv.
Thériacade (la), ou l'Orviétan de Léodon,
Poëme héroï-comique, 2 v. *in*-12, 2 l. 10 s.
Tom Jones, trad. de la Place, 5 vol. *in* - 18,
figures, nouvelle édition,   3 liv.
Traité d'Architecture pratique, concernant
la manière de bâtir solidement, etc. ouvrage
nécessaire non-seulement aux Architectes,
Entrepreneurs, mais encore à toutes les
personnes qui desirent faire bâtir, par
Monroy, 1 vol. *in*-8°, figures,   3 liv.
Traité (nouveau) de l'Art des Armes, 1 vol.
in- figures,   2 liv.
Traité abrégé de la Culture des arbres fruitiers, trad. de l'anglois, 1 vol. petit *in*-12,
    1 liv. 10 s.
Traité des délits et des peines par Becca-
ria, 1 vol. *in*-8°,   1 liv. 10 s.
Traité des maladies chirurgicales et des opérations qui leur conviennent par Choppart
et Desault, Paris an V, 2 vol. *in*-8°, 6 liv.
Traité de la Peinture au Pastel, du secret
d'en composer les crayons, et des moyens
de le fixer, etc. 1 vol. *in*-12,   1 liv. 10 s.
Traité d'Orthographe par Restaut, nouvelle
édition, 2 vol. *in*-8°, Paris 1797. 6 liv.
Traité de Météorologie, par Cotte, Paris
de l'Imprimerie du Louvre, 1 vol. *in*-4.
avec tableaux,   10 liv.

Traité des Maladies des enfans, par Underwood, Membre du collège royal des Médecins de Londres, traduit de l'Anglois, 1 vol. *in*-8. de 500 pages .   .   3 liv.

Traité du Chanvre, par Marcandier, deuxième édition, 1 vol.   .   .   .   .   15 s.

Traité du Droit naturel, et de l'application de ses principes au Droit civil et au Droit des gens, par Viat, 4 vol. *in*-12,   6 liv.

Traité du Fouet, ou des Aphrodisiaques externes, 1 vol. *in*-12, fig.   .   1 liv.

Traité du Café, contenant l'Histoire, la Description, la Culture et les Propriétés de ce Végétal, 1 vol. *in*-12,   1 liv. 10 s

Toilette de Flore, ou essai sur les plantes et les fleurs qui peuvent servir d'ornement aux Dames, contenant les différentes manières de composer les essences, pommades, rouge etc. 1 vol. *in*-12,   .   2 liv.

Trésor (le) du Laboureur, dans les oiseaux de basse cour, 1 vol. *in*-8,   2 liv. 10 s.

VALÈRE-MAXIME, trad. par Binet, ancien Recteur de la ci - devant Université de Paris. *Paris*, 1797, 2 vol. *in*-8°, 7 liv. 10 s.

Valère-Maxime (le) françois, ou Choix d'Anecdotes, livre classique, par Laplace. *Paris*, 2 vol. *in*-8°, édition de Didot,   6 liv.

Veillées (les) de Thessalie, par Mademoiselle de Lussan, 2 vol. *in*-12, nouv. édit.   2 liv.

Victorine, par Gorgy, 2 vol. *in*-12,   2 liv.

Vie et OEuvres de Gellert, trad. de l'allem. par J. A. Cramer, 3 vol. *in*-8°,   4 liv.

Vie de Jean Bart, 1 vol. petit *in*-12,   1 liv.

Vie de Barberousse, 1 vol. pet. *in*-12,   1 liv.

Vie du Capitaine Cook, trad. de l'anglois de Kippis, par Castera, 2 gros vol. *in*-8°, 5 l.

Vies des Surintendans des Finances et des

Contrôleurs-généraux, depuis Enguerrand
   de Marigny, jusqu'à nos jours. *Paris*, 1790,
   3 vol. *in-12*,   4 liv.

Veillée (la), suivie du Franc-Breton, par
   Marmontel, 1 vol. *in-12*,   1 l. 10 s.

Vérité (de la), ou Méditations sur les moyens
   de parvenir à la vérité dans toutes les con-
   noissances humaines, par Brissot, 1 volume
   in-8°, nouvelle édition,   1 l. 10 s.

Voyage du Professeur Pallas dans plusieurs
   provinces de l'Empire de Russie, 5 volum.
   in-4°, et atlas,   60 liv.

Voyage de C. P. Thumberg au Japon, par le
   cap de Bonne-Espérance, les îles Lasonde,
   etc. traduit et augmenté de notes considé-
   rables sur la religion, les langues, etc. de
   ces différentes contrées, par Langlès, 2 vol.
   in-4°, figures,   20 liv.

Le même, sur papier vélin,   72 liv.

   Il n'en reste que trois Exemplaires.

Le même, 4 vol. *in-8°*, figures,   16 liv.

Voyage dans l'intérieur de l'Amérique septentrionale, par Chastellux, 2 vol. *in-8°*,
   avec fig. et cartes géogr.   6 l.

Voyage (Journal d'un) fait dans l'intérieur de
   l'Amérique septentrionale, trad. de l'angl.
   par Noël, 2 vol. *in-8°*, figures et cartes
   géographiques,   6 liv.

Voyages faits dans les parties septentrionales
   de l'Asie et de l'Amérique, ou nouvelles
   Preuves de la possibilité d'un passage aux
   Indes par le Nord, démontrées par Engel,
   avec deux grandes cartes géographiques,
   1 vol. *in-4°*,   6 l. 10 s.

Voyage autour du Monde par les Capitaines
   Portlock et Dixon, trad. de l'anglois, 1 vol.
   in-4°,   5 liv.

Voyage de Miladi Craven à Constantinople,

par la Crimée, en 1786, trad. de l'anglois,
1 vol. *in-8°*, fig.   3 liv.
Voyage minéralogique, philosophique et his-
torique en Toscane, par le Docteur Fozetti.
2 vol. *in-8°*,   6 liv.
Voyage à la Baie Botanique, avec une Des-
cription du nouveau pays de Galles, trad. de
l'anglois, 1 vol. *in-8°*,   2 liv.
Voyage à la Jamaïque, avec une Description
détaillée de ses productions, etc. 2 vol.
in-12,   2 l. 10 s.
Voyages dans les Colonies du milieu de l'Amé-
rique septentrionale, par Burnaby, Ministre
de Greemvich, 1 vol. *in-12*,   1 l. 10 s.
Voyage dans l'intérieur des Etats - unis, à
Bath, à Winchester, etc. pendant l'été de
1791, par Bayard. *Paris*, 1797, 1 volume
in-8°,   2 l. 10 s.
Voyage de Michel de Montaigne en Italie,
par la Suisse et l'Allemagne, en 1580 et
1581, 3 vol. petit *in-12*,   3 liv.
Voyage en France, de Sterne, suivi de l'Hist.
de Lefevre, 1 vol. *in-12*,   1 liv.
Voyage en Espagne, par Delangle, 2 vol.
in-12,   1 l. 10 s.
Voyage dans les différentes parties de l'An-
gleterre et particulièrement dans les mon-
tagnes et sur les lacs du Cumberland etc.
contenant des observations relatives aux
beautés pittoresques, ouvrage traduit de
l'anglois, de W. Gelpin, par Guédon
de Berchère et orné d'un grand nombre
de figures, 2 vol. *in-8*,   10 liv.
Voyages dans les deux Siciles et dans quel-
ques parties des Appennins, par Spal-
lanzani, 4 vol. *in-8*. avec beaucoup de
planches,   10 liv.

(28.)

Collection des trois Voyages de Cook, 18 vol.
  in-8. avec Atlas pour les trois Voyages, 60 l.
Vice puni (le) ou Cartouche, poëme par
  Granval, 1 vol. *in*-8. figures,   1 liv. 10 s.

Zabhet, ou les Heureux effets de la Bien-
  faisance, par Madame de Beau..... 2 vol.
  in-12,   2 liv.

Livres Nouveaux.

Le Missionnnire catholique, on Instruction
  familières sur la Religion, troisième édition,
  Paris, de l'imprimerie de Guerebart, 3 liv.
Dangers (les) de l'intrigue, par J, La-
  vallée, auteur du nègre comme il y a
  peu de blancs etc. 4 vol. *in*-12, avec figures, 7 liv. 4 s. et 9 liv. 75 cent. port franc.

Sous presse,

La pucelle d'Orléans, par Voltaire, nouvelle
  édition de la plus grande beauté, tirée
  sur papier grand raisin et en petit nombre sur papier grand raisin vélin, de
  l'Imprimerie de Crapelet, 2 vol. *in*-8.
  ornés de 22 figures exécutées par les meilleurs Artistes, sous la direction du citoyen Ponce.
Œuvres de Boileau Despreaux, avec les
  notes et éclaircissemens donnés par l'Auteur, 1 vol. *in*-4. tiré sur 4 papiers différens et en très petit nombre, de l'Imprimerie de Crapelet, avec 9 superbes
  gravures exécutées par les meilleurs Artistes. Get ouvrage paroitra incessamment.
Julierie, 2 vol. *in*-12.
L'Enthousiaste corrigé, 2 vol. *in*-12, figures.
Voyage à la Mecque par toutes les sectes
  musulmannes, 2 vol. *in*-8.
Voyage en Asie, etc. 1 vol. *in*-8.